AUTO

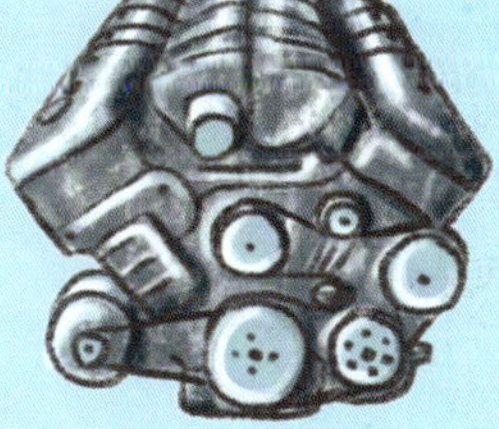

Der Bücherbär
Vorschule

Liebe Eltern,

jedes Kind ist anders. Manche Kinder kennen bereits alle Buchstaben in der Vorschule und können sie zu Wörtern formen. Andere lernen das Abc in der Schule. Für das spätere Leseverhalten ist es jedoch völlig unerheblich, wann die Kinder das Alphabet meistern. Wichtig aber ist der Spaß am Lesen – von Anfang an. Deshalb ist das Bücherbär-Erstleserprogramm konzeptionell auf die Fähigkeiten und Bedürfnisse der Kinder abgestimmt.

Dieses Buch richtet sich an Kinder im Vorschulalter.
Die Hauptwörter wurden durch Bilder ersetzt, wodurch auch Kinder »mitlesen« können, die das Abc noch nicht gelernt haben. Das macht neugierig und Lust auf mehr. Zusätzlich regen Rätsel am Ende des Buches zum Gespräch über die Geschichte an. Denn Kinder, die viel Gelegenheit zum Sprechen haben, lernen auch schneller lesen.

Ihr Bücherbär

Christian Loeffelbein
In Papas Autowerkstatt ist was los!

Dieses Buch gehört:

____

Christian Loeffelbein
wurde 1968 in Kiel geboren, hat in seiner Heimatstadt Literaturwissenschaft und Kunstgeschichte studiert und als Journalist für die *tageszeitung* in Berlin gearbeitet. Heute lebt er in Hamburg und denkt sich Geschichten und Romane für Kinder und Jugendliche aus.

Petra Bergmann,
1979 in Essen geboren, verschlug es nach dem Abitur in Kassel zum Pädagogikstudium nach Oldenburg. Dort lebt und arbeitet sie bis heute mit ihrem Mann und den zwei Söhnen. Neben der Liebe zur Malerei fand sie nach der Geburt des zweiten Sohnes zur Illustration und ist seitdem selbstständig als freiberufliche Illustratorin.

Arena

Ein Verlag in der westermann GRUPPE

MIX
Papier aus verantwortungsvollen Quellen
FSC
www.fsc.org
FSC® C110508

Der Bücherbär
1. Auflage 2021

Rottendorfer Straße 16, 97074 Würzburg

Text: Christian Loeffelbein
Cover und Innenillustrationen: Petra Bergmann
Gesamtherstellung: Westermann Druck Zwickau GmbH
Printed in Germany
ISBN 978-3-401-71666-4
Besuche den Arena Verlag im Netz:
www.arena-verlag.de

Christian Loeffelbein

In Papas Autowerkstatt ist was los!

Mit Fragen zum Leseverständnis

Bilder von Petra Bergmann

Arena

Geheimnisvolle Spuren

Tom  und sein Bruder Lukas 

wohnen in einem  mit einer  .

Dort arbeitet ihr Papa  .

Er repariert kaputte  .

 und  trinken einen 

.

 kommt herein und sagt aufgeregt:

„In unserer  war ein  !“

 und  springen auf.

Dabei kippt  seinen 

um.

„Du bist immer so ungeschickt“, sagt .

Sie laufen mit  in die .

Dort liegt das  durcheinander.

„Wurde etwas gestohlen?“, fragt  .

„Schauen wir mal“, sagt 

und streichelt über seinen  .

 untersucht das 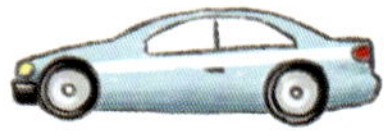 auf der 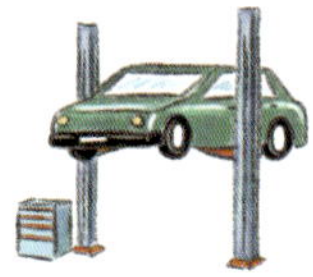.

Der  ist noch da.

Es fehlt auch kein .

„Das  ist weg!“, ruft  .

„Das habe ich ausgebaut“, lacht  .

 sortiert das 

und legt es in den  .

 schaut in alle  der .

„Es wurde nichts gestohlen“, sagt .

 läuft zum  und rüttelt daran.

„Das  ist verschlossen“, stellt er fest.

Er fühlt sich wie ein .

„Die  können wir so nicht holen,

aber jemand war heute  hier“,

meint  .

„Vielleicht ein  ?“, schlägt  vor.

 und  lachen.

Dann läuft es  kalt den  herunter.

Was, wenn  recht hat?

Käfer-Alarm

Es klingelt, und  öffnet das  .

Vor der  steht ein  .

„Ich heiße Lea  “, stellt es sich vor.

„Wir sind in das  da drüben eingezogen.

Unser  ist krank.

Er muss in eure  “, sagt  traurig.

 und  wundern sich.

„Du musst zu einem 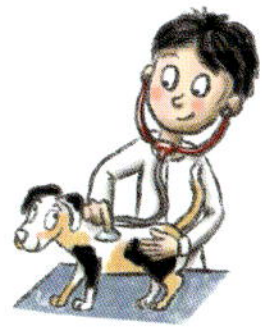 “, meint  .

„Ein  ist ein  “, erklärt  .

Zusammen mit  und ihrer Mama 

schiebt er das  in die  .

 schaut sich den  an.

Plötzlich sprühen  .

Der 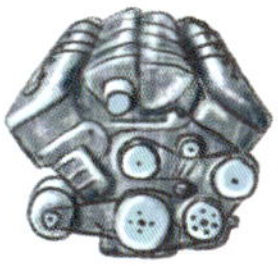 fängt an zu wackeln,

obwohl niemand den  dreht.

„Das ist das  !“, ruft  .

Er versteckt sich hinter den 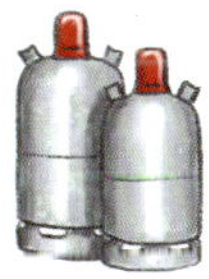 .

 lässt seine 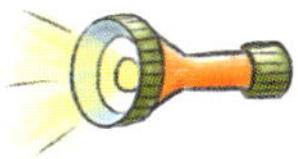 fallen.

Nur  lacht.

Hinter dem  schaut ein  hervor.

„Wie niedlich!“, ruft .

„Der will dort ein  bauen“, meint .

Mit zwei aufgeschlagenen 

lockt  den  heraus.

„Bau dein  besser woanders“, sagt .

Der  frisst den  leer und

schaut  an. Hat der  ihn verstanden?

Dann verschwindet er durch das .

 repariert die 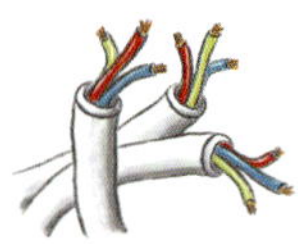

und zieht alle  wieder fest.

Auch 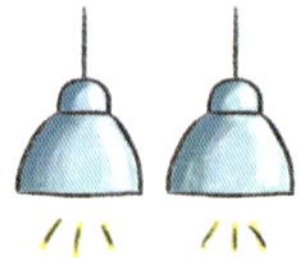 und  kontrolliert er.

 darf den  drehen.

Alles funktioniert.

„Super!“, freut sich .

Ihre  greift nach dem .

„Von  nehmen wir kein “, meint .

„Aber einmal die 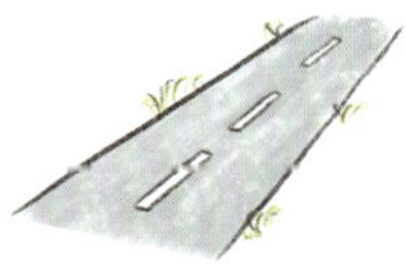 rauf- und runterfahren, wäre toll“, schlägt  vor.

 klettert auf die .

 und  folgen ihr. Dann geht es los.

Das Gespenster-Fahrrad

Ein  schießt auf die 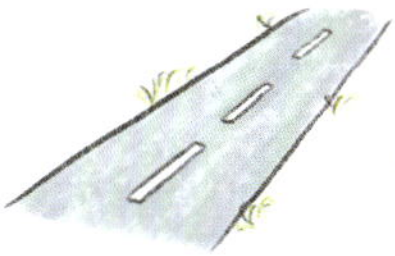.

Ohne !

„Stopp!“, ruft .  bremst.

Die 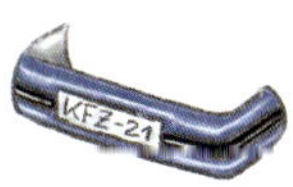

berührt das ,

und es kippt um.

„Ein  “, meint  .

Auch  fürchtet sich jetzt.

„Da ist euer  “, sagt  und lacht.

Hinter einem  kommt ein  hervor.

 ,  ,  und ihre  steigen aus.

„Vor  habe ich das 

angestoßen“, sagt der  kleinlaut.

„Warum ist es nicht umgefallen?“,

wundert sich  .

„Es hat noch  “, gibt der  zu.

 hat eine  .

Er geht mit dem  zur  zurück.

Sie schieben das  .

 flüstert  etwas zu.

 nickt und geht zur .

Er klemmt ein  in den .

Dann biegt  das 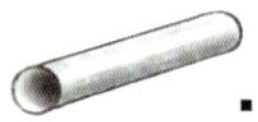.

Alle setzen  auf.

 arbeitet mit dem  .

Er befestigt das gebogene 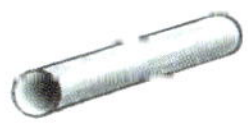

über dem  .

 darf jetzt helfen.

„Gib mir den achter “, sagt .

 holt das richtige  aus dem .

 schraubt die  vom .

„Das ist ein -“, erklärt .

„Wie ein  beim .

Dank - kippst du

mit deinem 

nie mehr um.“

Feuer & R
VERBOT

Der  springt auf den 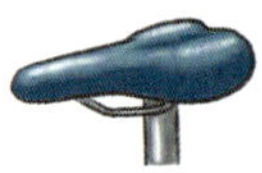

und fährt zum  hinaus.

„Toll!“, ruft der .

Er fährt eine 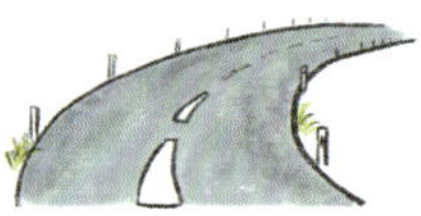 und saust zurück.

„Wie funktioniert der 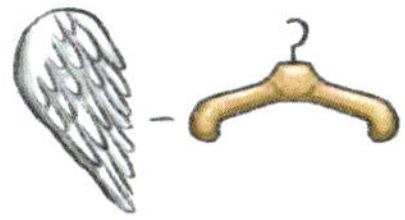 ?“,

will der  wissen.  lacht.

„Der 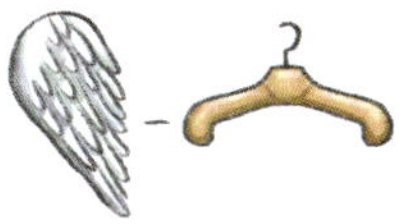 funktioniert

nur in deinem  “, erklärt  .

„Du kannst nämlich

schon richtig gut  fahren!

Soll ich das  abmachen?“, fragt  .

Der  lacht. „Nein“, sagt er.

„So einen coolen  hat sonst keiner!“

Die gruselige Auto-Spinne

In der  liegt  wach im .

Er denkt an das  in der .

 fürchtet sich, aber er ist neugierig.

Ob es ein  -  ist?

Er holt seine 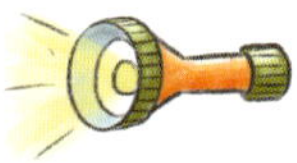.

Dann schleicht er in die  .

Dort steht ein  .

Das große  sieht aus wie ein  .

Seine  zittern.

Hinter dem  scheint ein  .

Das muss das  sein.

 leuchtet hinter den .

Das  schreit laut auf.

 fällt fast die  aus der 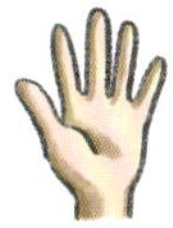.

Hinter dem  hockt .

„Was machst du hier?“, fragt .

„Und du?“, will  wissen.

„Ich hab das  repariert“, erklärt .

„Mitten in der  ?“, fragt  .

„Ihr sagt, ich bin ungeschickt“, antwortet 

und lässt den  hängen.

„Deswegen übe ich heimlich in der  .“

 schaut das  an.

„Alle  sind wieder dran.

Super!“, lobt er .

„Dann warst du der  ?“, fragt  .

 nickt und wird rot. „Gut, dass  nicht

die 

geholt hat“, meint  .

„Beim  sage ich alles“, verspricht  .

Plötzlich hören sie ein  .

Unter dem  erscheint ein 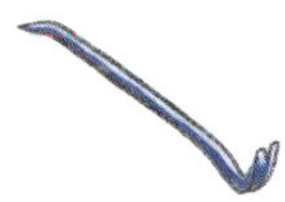 .

„Das ist wirklich ein  !“, flüstert  .

„Der will den  klauen“, wispert  .

„Ich mach mir gleich in die  “, meint  .

Aber  hat eine  .

Er legt einen  auf das  .

Wie eine  -  sieht das nun aus.

 greift die  .

Das reparierte  fährt los.

Es schießt durch den  ,

den der  mit dem 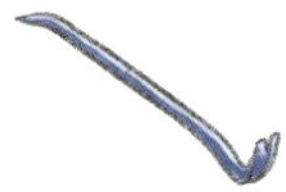 gemacht hat.

„Hilfe!“, tönt es plötzlich vor dem  .

„Jetzt macht der sich in die  “, kichert  .

 kommt mit seinem  .

Er ruft die  .

 lobt  und  .

„Meine mutigen  -  und  -  !“

„Und  ist auch noch ein toller  “,

sagt  . Er ist sehr stolz auf  .

Rätselseite

Hier haben sich Gegenstände versteckt, die keine Werkzeuge sind. Findest du alle sieben?

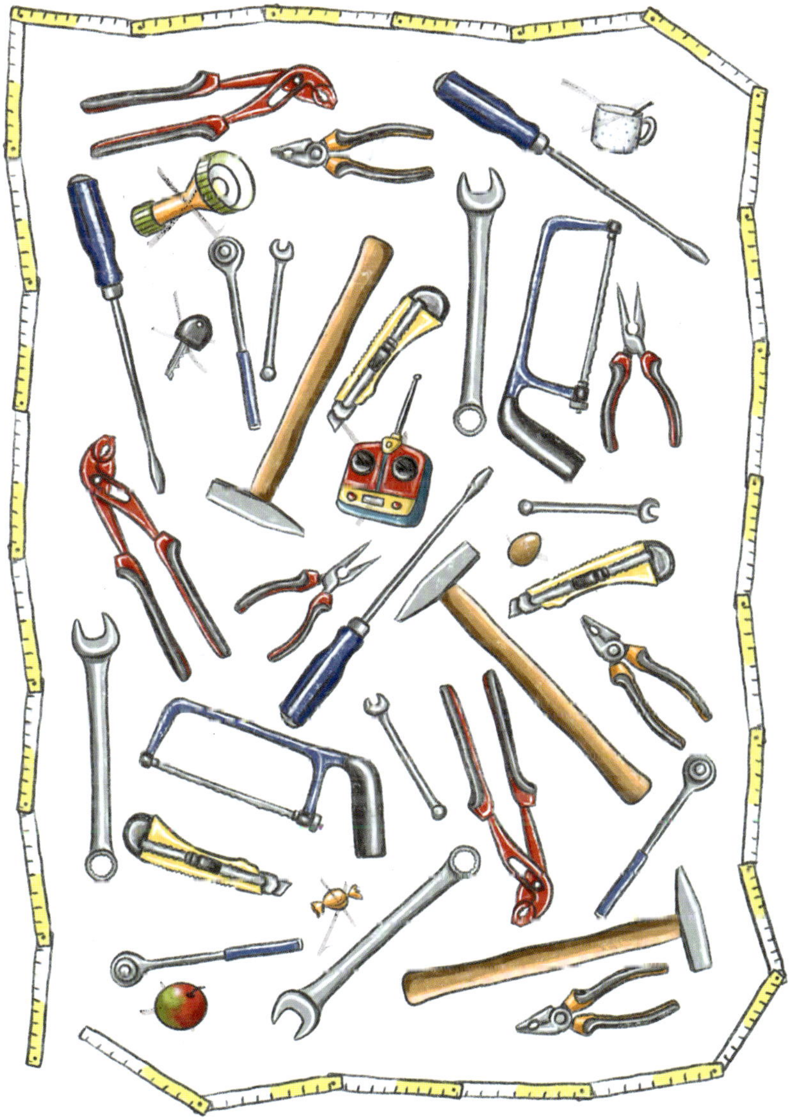

Was hat Papa aus dem Auto ausgebaut?

N  B 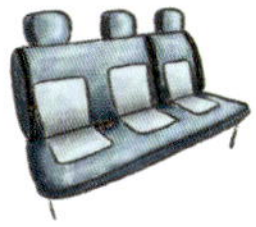 A 

Wo versteckt sich Tom?

K unter der  U hinter den 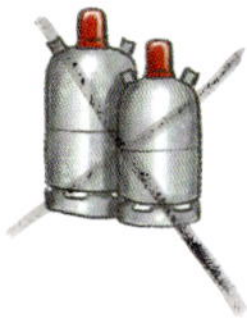 T neben der 

Womit baut Papa die Stützräder ab?

T 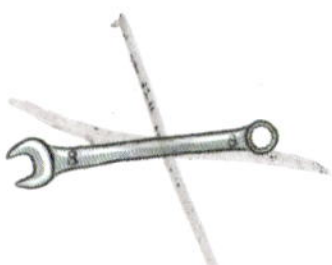 L  J 

Woran denkt Tom im Bett?

K  D  O 

Welches Wort ergeben die Buchstaben vor den richtigen Antworten?

A U T O

Die Lösungen findest du auf Seite 52.

Die Wörter zu den Bildern

Tom 

Lukas 

Haus 

Werkstatt 

Papa 

Autos 

Kakao 

Einbrecher 

Werkzeug 

Kopf 

Hebebühne 

Motor 

Reifen 

Lenkrad 

Werkzeugkasten 

Schubladen 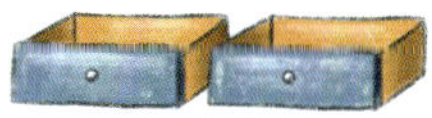

Werkbank 

Tor 

Detektiv 

Polizei 

Nacht 

Gespenst 

Rücken 

Mädchen 

Lea 

Käfer 

Auto 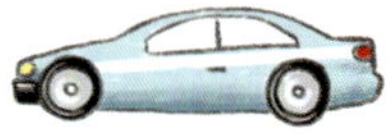

Tierarzt 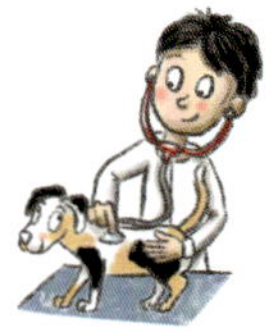

Mama 

Funken 

Zündschlüssel 

Gasflaschen 

Taschenlampe 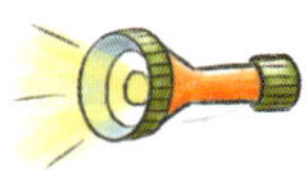

Marder 

Nest 

Eier 

Napf 

Kabel 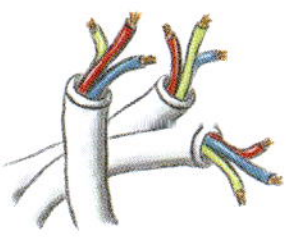

Schrauben 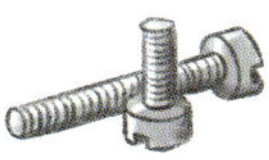

Lampen 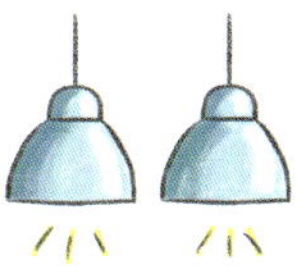

Bremse 

Portemonnaie 

Nachbarn 

Geld 

Straße 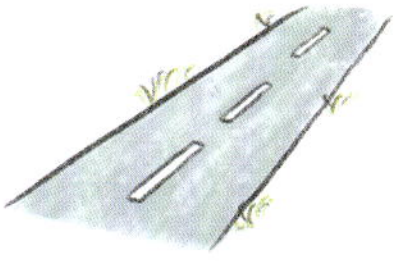

Rücksitz 

Fahrrad 

Fahrer 

Stoßstange 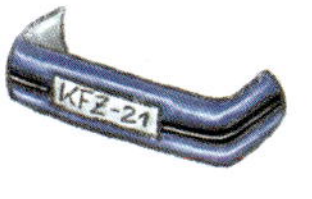

Gespenster-Fahrrad 

Busch 

Junge 

Wut 

Stützräder 

Idee 

Rohr 

Schraubstock 

Schutzbrillen 

Schweißgerät 

Gepäckträger 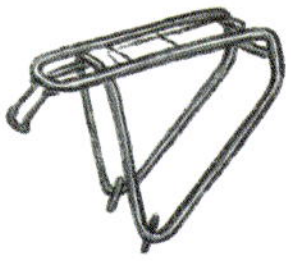

Schraubenschlüssel 

Hinterrad 

Flügel-Bügel 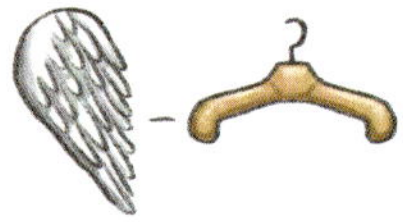

Spoiler 

Rennauto 

Sattel 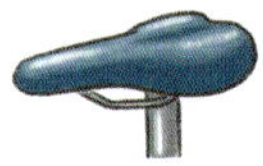

Kurve 

Bett 

Geländewagen 

Monster 

Knie 

Licht 

Hand 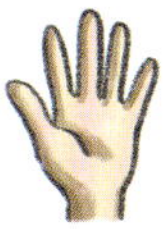

Modellauto 

Räder 

Frühstück 

Kratzen 

Brecheisen 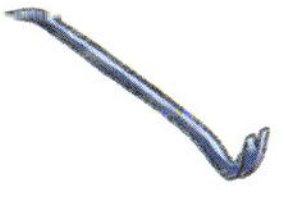

Hose 

Arbeitshandschuh 

Monster-
Spinne 

Fernbedienung 

Spalt 

Handy 

Geister-Jäger 

Einbrecher-
Erschrecker 

Mechaniker 

Lösungen

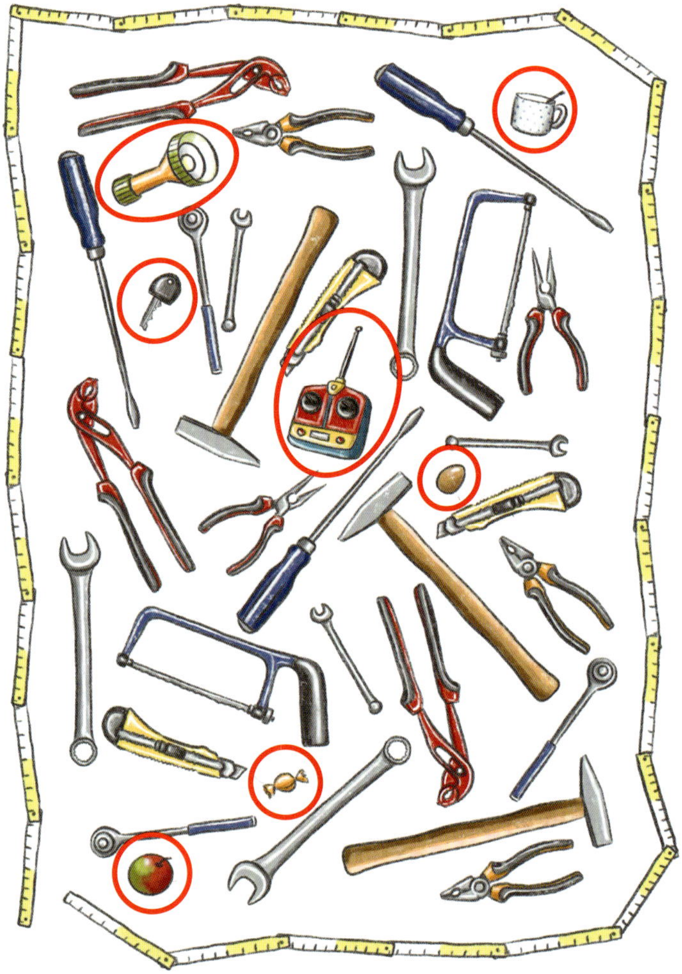

Die Buchstaben vor den richtigen Antworten ergeben das Wort AUTO.

Der Bücherbär
Vorschule

Mein LeseBilderbuch

Antons Abc-Abenteuer
978-3-401-71562-9

Paulina, die kline Wiesenhummel
978-3-401-71586-5

Ferdinand, der kleine Feuerwehrmann
978-3-401-71648-0

Der kleine Pirat und das Geheimnis des Riesenkraken
978-3-401-71571-1

Jeder Band: Ab 5 Jahren • Mein LeseBilderbuch • Durchgehend farbig illustriert • 56 Seiten • Gebunden • Format 17,5 x 24,6 cm

Mit Bücherbärfigur am Lesebändchen

Bilder ersetzen Namenwörter

Große Fibelschrift

Viele farbige Bilder

Innenseite aus *»Vom kleinen Igel, der lieber ein ganz Großer wäre«* 978-3-401-70560-6

Mit Bildern ganz spielerisch lesen lernen! In spannenden Geschichten um eine liebenswerte Figur können schon Kindergarten- und Vorschulkinder von Bild zu Bild mitlesen. So prägen sich Wörter leicht ein und das Lesenlernen macht Spaß!

Empfohlen von ***westermann***

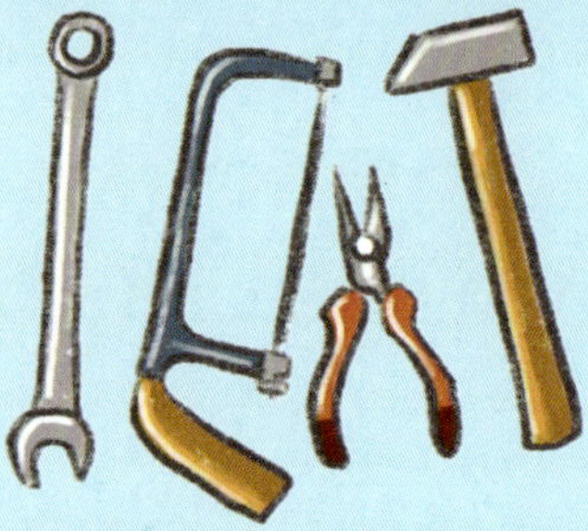

AUTO